LE DISCOURS

DU

PRINCE NAPOLÉON

BOUTADE

SCEAUX
TYPOGRAPHIE DE E. DÉPÉE.

1869

LE DISCOURS

DU

PRINCE NAPOLÉON

BOUTADE

LE DISCOURS

DU

PRINCE NAPOLÉON

BOUTADE

SCEAUX
TYPOGRAPHIE DE E. DÉPÉE
1869

TIMBRE
IMPERIAL
SEINE

LE DISCOURS DU PRINCE NAPOLÉON

BOUTADE

D'acharnés ennemis, plus ou moins hypocrites,
Se disant les vengeurs des libertés proscrites,
Guettent l'occasion d'isoler le pouvoir,
Et d'ouvrir la carrière à leur mauvais vouloir.
Que l'Empereur évite avec soin cette engeance.
Entre tous les partis qu'il tienne la balance.
Pas trop de liberté !... L'accorder aujourd'hui,
C'est donner aux brouillons des armes contre lui.
. . . .
Et qu'il ait pour précepte impérieux, en somme,
De ne se dessaisir d'un écu, ni d'un homme.

Au plus fort des appréhensions générales, éveillées par la grave maladie d'un Prince, dont la personnalité est sympathique incontestablement, même aux partis les plus hostiles, une sorte de bombe parlementaire est venue projeter ses éclats dans la *douce somnolence* du Sénat. Voyons un peu si c'est vraiment une bombe aux atteintes efficaces, ou simplement un pot-à-feu qui prétend éclairer les ténèbres de l'avenir, et qui s'éteint avant que le coup d'œil le plus exercé ait pu reconnaître les formes du terrain.

Le Prince Napoléon, bien que par trop exclusif et pas toujours assez poli, est une grande individualité, par son intelligence hors ligne, par sa facilité de compréhension, d'assimilation, dirions-nous, et par sa constance dans un libéralisme relatif que son esprit distingué perçoit plus qu'il ne le manie réellement. Il en résulte ceci : qu'il ne se rend pas compte de la position fausse, archi-fausse, dans laquelle il est plongé jusqu'au cou; et qu'il met une singulière obstination à se croire encore au lendemain du 10 décembre 1848. Voilà, à coup sûr, une erreur déplorable, à défaut d'un discours *triste, affligeant* et *scandaleux*, comme l'a dit, avec une scandaleuse inconvenance, un coryphée suranné de la réaction, qui figure, on ne sait pourquoi,. dans un Sénat impérial.

Non, monsieur le Sénateur; permettez-nous un démenti, fussiez-vous le président d'Aguesseau lui-même. Le discours du Prince Napoléon n'est ni *triste*, ni *affligeant*, ni *scandaleux*. Il n'est pas *triste*, car, avec une parfaite courtoisie et une grande modération, le Prince y expose des vues élevées à ses collègues du Sénat qui, en définitive, dirait un impérialiste, sont les sujets de la Couronne qu'il peut être appelé à porter. Il n'est pas *affligeant*, car tout bon citoyen verra avec plaisir que toute vitalité n'est pas morte dans la famille du Grand Homme, et que, même écrasé par le poids d'un immense souvenir, il est tel Bonaparte qui brille au milieu des sommités sociales, notables dans la limite restreinte que notre époque, paraît-il, ne parvient pas à dépasser. Enfin, il n'est pas *scandaleux*, par la raison péremptoire que si quelqu'un a le droit de dire ce qu'il croit loyalement être la vérité, toute la vérité, c'est bien celui qui, en dehors du monarque et de son fils, est le plus directement intéressé à la durée des institutions dont le Sénat, assure-t-on, est le conservateur.

Ceci posé, dans notre humble conviction, le projectile du Prince Napoléon a le tort d'être lancé d'une position hors de portée depuis longtemps, et de jeter quelque confusion dans les rangs qu'il faut former et maintenir dans le meilleur ordre, si on ne veut pas qu'ils soient entamés. En quelques mots, ce discours n'est pas pratique; il propose à l'Empire de

1869 une tactique applicable à peine par le Président de la République, vingt ans plus tôt.

Il porterait, si on en suivait tous les erremens, la désorganisation, la déroute, et une catastrophe finale dans les forces, non homogènes, peut-on le contester? qui sont encore aptes à faire durer l'état actuel. Cette aptitude a pour condition rigoureuse de former un faisceau, tenu d'une main recevant l'impulsion d'une tête pleine de la tradition consulaire, dont le point de départ est la journée du Dix-huit Brumaire.

Avec un oubli des injures qui lui fait honneur, le Prince Napoléon a commencé par déclarer, sans qu'on le lui ait demandé, que ses affections comme ses intérêts sont indissolublement liés à l'Empire. M. Heeckeren lui a répondu qu'il n'en a jamais douté; et, quant aux intérêts, nous avons toujours pensé comme l'honorable collègue du Prince. Il nous est doux d'enregistrer la déclaration de celui-ci que ses affections ne se sont pas ressenties de certain rappel d'Espagne, de certaine semonce après le discours d'Ajaccio, enfin des fréquens voyages que le Prince (pour nous servir de ses propres paroles) a eu le malheur de faire.

De la conviction que l'orateur porte dans notre esprit, il résulte, cependant, que qui veut la fin, veut les moyens. Or, ceux que le Prince Napoléon propose, nous pensons le prouver tantôt, sont précisément les mêmes que souhaitent des adversaires ne se préoccupant nullement des intérêts du Prince, ni de la satisfaction de ses affections de famille.

Que le Prince Louis ait pu, dès l'origine de son pouvoir, en 1848, concilier l'héritage napoléonien, qu'il recueillait tout entier, avec la liberté; qu'il ait, en un mot, pu fonder la République, ce n'est pas nous, à coup sûr, qui le contesterons; bien que nous convenions volontiers qu'il eût rencontré de très grandes difficultés; — mais il arrive un moment dans la vie, où les facultés qu'on exerçait autrefois, cessent. L'Empire est dans ce cas. Il peut se relever... par la guerre, par exemple; mais il n'est pas apte à faire des concessions libérales. Quelles qu'elles fussent, elles seraient tardives. Il ne peut durer que maintenu par une main de fer, qu'on nous passe ce mot devenu banal. Les épigrammes, plus mordantes que justes, de la presse opposante ne sont pas sans inconvéniens; mais retrancher l'*humour* aux Gaulois n'est pas aisé. On leur arracherait plutôt la peau, et nous ne voudrions pas de Saint-Barthélemy. Tout en traitant ces agressions comme des frivolités, il ne faut cependant pas trop de liberté. Une grande justice, une parfaite impartialité, une magnanimité exemplaire envers les divergences inoffensives et les hostilités ralliées; une grande attitude au dehors, complétée par une revendication de frontières, modelées sur le tracé de Vauban, voilà les élémens qui nous semblent propres à conserver l'Empire, et à le motiver (1).

(1) La guerre, nous estimons consciencieusement qu'elle serait nécessaire, juste et heureuse, si nous savions nous arrêter à temps, et nous appliquer à ne pas en faire forcément une guerre de coalition. En donnant à la Belgique des garanties sérieuses que nous respecterions son autonomie; en faisant partager ces garanties par l'Angleterre; nous obtiendrions, peut-être, et la neutralité de celle-ci, et l'alliance de celle-là. Le but de la campagne devrait être li-

Les rêves de monarchie constitutionnelle type, de parlementarisme ressuscité, de développement toujours pacifique, peuvent être des utopies de gens bien intentionnés, *pas forts sur le massacre,* comme disait spirituellement le vaillant roi Victor-Emmanuel, ce monarque chasseur et guerrier; — mais, pour sûr, ces honnêtes spéculations ne représentent ni la tradition napoléonienne, ni les nécessités d'une

mité à l'annexion, ou plutôt à la revendication, d'une partie de la rive gauche du Rhin, savoir.

La province rhénane.

Le cercle de Spire.

La Hesse cisrhénane, y compris Mayence.

Le grand-duché de Luxembourg que nous céderions à la Belgique, pour prix de son concours, moins la forteresse et le territoire à droite de la route de Luxembourg à Grevenmachern. La Belgique devrait alors nous céder le pays à gauche de la route de Givet à Erquelines.

Les Pays-Bas seraient indemnisés pécuniairement par la Belgique.

Si nous avions l'alliance de l'Autriche, la Bavière et la Hesse, c'est à désirer, seraient avec nous. Dans ce cas, nous reportant aux stipulations de Lunéville, nous pourrions leur assigner des compensations sur la rive droite. Ceci n'est qu'un aperçu rapide qu'il eût été trop long de développer, ce que nous avons fait ailleurs.

époque, armée, agitée, et attendant la crise que le tir rapide, l'ordre perpendiculaire, les mobiles creux, les transports de troupes par chemin de fer, le commandement par télégraphe, sont seuls appelés à résoudre.

Concilier est une chose sainte, quand elle est pratique, surtout si on n'exclut aucun parti digne de ce nom. Cependant, à l'heure où nous sommes, on a beau se récrier contre les irréconciliables, ils existent, et, nous aurons le courage de le dire, ils ont leur raison d'être. Comment voulez-vous que des républicains qui ont été fusillés, déportés; qui ont vu profiter de la guerre civile des États-Unis, pour perpétrer la déplorable tentative du Mexique; qui ont compté goutte à goutte le sang des patriotes italiens versé à Mentana; comment voulez-vous que des hommes de cœur, à qui il ne reste que la fermeté de leur foi et leur haine innée du fanatisme et de la tyrannie, acclament, tout à coup, la monarchie éclose au coup d'État qui anéantit toutes leurs illusions? Parce qu'il a plu au vainqueur et, pour notre part, nous l'en félicitons sincèrement, de leur *octroyer* une amnistie, peuvent-ils, en conscience, le voulussent-ils, se considérer comme désarmés? Non, pour des gens fiers et convaincus, car nous ne parlons pas des autres, ni des *esprits fous*, comme dit heureusement l'orateur qui nous occupe. Pour des gens fiers et convaincus, l'amnistie est une aggravation d'injure; et nous l'avons entendu comparer à l'action d'un bandit qui, après avoir dévalisé un passant, et lui tenant le pistolet sur la gorge, veut bien ne pas serrer la détente et laisser la vie à sa victime.

Cette parabole populaire est très exagérée, sans doute, mais elle donne la mesure de sentimens irréconciliables, et qui ne cesseront pas de l'être.

Où voulez-vous en venir? nous dira-t-on. C'est bien simple. Il ne s'agit pas aujourd'hui de principes généraux, ni de ce qui aurait été bien *ab ovo;* mais de ce qui est acquis, pratique et sans danger; à moins qu'on ne veuille forger soi-même des engins pour tout bouleverser; et ce n'est pas là, évidemment, le but du Chef de l'État, ni celui de son impérial cousin.

Qu'on ne vienne pas nous parler de la pression des Cent-seize, que de moins révérencieux que nous ont osé qualifier de brouillons. Sans contredit, parmi ces signataires, qui nous paraissent manquer un peu de logique, il est des gens qui n'ont même pas la conscience des nécessités de leur ménage ; mais il y a aussi quelques individualités considérables, à différens degrés, et qu'on ne saurait méconnaître. Un fait, cependant, domine tout ce qui les regarde ; et justifie l'inscription vénitienne qu'a rappelée le Prince : Gardez-moi de mes amis, car de mes ennemis, je m'en charge.

Est-il vrai ou non, que tous ces honorables, ou presque tous, ne sont députés que par la grâce des *veto* et la pression administrative ? Pourquoi, dès lors, manquer de confiance dans leurs patrons, au point de faire chanceler sur sa base l'édifice qu'ils auraient horreur, protestent-ils, d'ébranler ?

Si nous jugions opportun de nous nommer,

on ne douterait pas un instant que nous ne sommes inféodé ni à M. Rouher, ni à aucun de ses anciens collègues; mais nous croyons avoir le sens commun; et l'appréciation équitable des choses politiques est parfois accordée, comme compensation, à ceux qui en sont en dehors. Croit-on sérieusement qu'on aurait dans le tiers-parti, je ne dirai certes pas des personnages d'un caractère et d'un savoir transcendans, mais des hommes éminemment distingués, comme le ministre expérimenté que nous venons de nommer, ou tels qu'un Baroche, un Niel, mort, hélas! ou un Forcade La Roquette?

Nous rendons justice aux capacités, au bon vouloir de tout le monde; mais, dans l'espèce, comme on dit au palais, nous nous défions des programmes qui, loin de déblayer le terrain, en inclinent la pente toujours davantage, jusqu'à aboutir au précipice, peut-être. Si vous avez un bon Automédon, dites-vous, laissez-le faire, car, au point où il vous a conduits, croyez-nous, il n'y a que lui qui puisse vous tirer d'un mauvais pas.

Ceci est pour les naïfs qui battent en brèche les institutions impériales, sous prétexte de les empêcher de s'écrouler. Quant aux opposans qui n'auraient pas la même loyauté, et pour qui les adresses ne seraient que des machines de guerre, nous les mépriserions tellement que nous ne voudrions pas en parler; — et pour ce qui concerne les irréconciliables, ils manœuvreront comme ils voudront; ils n'ont pas besoin de nos conseils; et nous ne pourrions leur en donner, car, suivis, il en résulterait, croyons-nous, la restauration de la République.

A ce compte, le Prince Napoléon ne doit pas s'étonner que Messieurs du Sénat approuvent du bout des lèvres le projet de sénatus-consulte. D'abord, il n'y a que les désespérés qui se suicident, et nous ne voyons pas que le Premier Corps de l'État soit à l'agonie. S'il voulait s'aliter pour ne plus se relever, il n'aurait qu'à adopter la consultation de l'auguste docteur qui lui tâte le pouls. Les soubresauts Ségur sont des prodromes qui, tout d'abord, ne permettent pas au Prince d'établir un diagnostic favorable à son système.

En théorie, la meilleure assise d'institutions démocratiques, c'est une assemblée unique, nommant et révoquant à volonté, fût-ce vingt fois par jour, un pouvoir exécutif quelconque, relevant entièrement d'elle, car elle serait la nation elle-même, et il n'y a pas à modérer les représentans légitimes de la nation. Il y a loin, comme on voit, de cette organisation, de cette utopie, si l'on veut, au régime auquel le Prince est indissolublement *lié*. Pourquoi donc retirerait-il au Sénat la meilleure partie de ses prérogatives constitutionnelles? et ne s'aperçoit-il pas qu'en faisant partager également aux trois pouvoirs actuels la faculté constituante, il porterait atteinte au fonctionnement du Chef de l'État, jusqu'à compromettre l'initiative qu'il dit vouloir lui réserver, comme *ultima ratio*, de faire appel au Peuple? Nous ajouterons que les choses étant données telles qu'elles sont par le fait, le Sénat ne pourrait, sans vicier de fond en comble la Constitution, qui est sa seule raison d'être, accéder aux audacieux conseils de son impérial collègue. Or, ceux qui voudraient voir la fin de l'Empire, ne manqueraient pas de dire que, du moment qu'on ne se contente pas de perfectionner la Constitution, et qu'on en bouleverse l'esprit, en disloquant un de ses organes vitaux, il n'y a pas de raison pour ne pas la réduire de suite à l'état de cadavre. Apparemment, ce n'est pas là ce que l'on veut.

On nous objectera qu'implicitement, nous blâmons ainsi même les mesures libérales que le Souverain a voulu prendre et qu'on trouvera, c'est notre avis, si on les vote, d'une application journalière beaucoup plus difficile qu'on ne pense. Eh bien! oui, nous serons franc, avec la réserve que nous n'exprimons pas nos convictions personnelles en matière politique abstraite, mais les idées qui doivent dominer, suivant nous, les intelligences pratiques, appelées à maintenir les institutions monarchiques en France.

Le progrès, sous celles-ci, consiste à développer de plus en plus, moins par des lois écrites que par des actes quotidiens, ce que nous aimons assez à appeler le système du Premier Consul. De bons tacticiens disent, avec raison, que les règlemens de manœuvres, bien qu'obligatoires et officiels, ne se pratiquent que peu ou point à la guerre; et qu'on y substitue avec avantage des mouvemens rationnels, simples, appropriés au terrain et aux circonstances. De même, quand le pouvoir est fort, il peut, par la sagesse, le désintéressement, la philanthropie, la dignité au dedans et au dehors, faire moins regretter les théories philosophiques qui, avant leur application, paraissent à peu près parfaites. C'est là ce que le second Empire a fait quelquefois... et nous avons cent raisons de déplorer qu'il n'ait pas toujours suivi les enseignemens donnés par le Demi-Dieu de notre histoire, à l'apogée de sa lumineuse carrière.

Quoi qu'il en soit, le Sénat repoussera, suivant toute probabilité, l'ouverture qui vient de lui être faite, et ne saura pas gré de sa tentative à l'héritier éventuel du trône. Tant pis ! car, lorsque les vôtres se retirent de vous, vous trouvez difficilement un appui ailleurs, et on reste isolé, ou, si l'on veut, assis entre deux chaises, et le... siége par terre.

Son Altesse Impériale, renouvelant les récentes facéties du député Fambri au parlement italien, a parlé de mariage d'inclination et de mariage de raison. Pour nous, ni l'un ni l'autre ne sont de saison. La raison prescrit de ne pas voguer vers des eaux où l'on ne pourrait se tenir à flot ; et le Prince peut comparer le courant irréconciliable à ces banquises infranchissables qu'il a rencontrées, dans son voyage au Groënland. Le mariage d'inclination serait une niaiserie de *patito,* et mieux vaudrait fredonner l'ariette de Métastase :

> Non si dura, o bella Irene,
> Sempre solo a sospirar.

Nous nous inclinons devant les bons mouvemens que l'amour de la France, et la reconnaissance d'un cœur honnête, inspirent à l'Empereur; et si le Prince Napoléon se bornait à s'associer à ces manifestations, sans en franchir les limites, nous ne pourrions que le féliciter et nous en féliciter tous. Oui! car la dette de la famille impériale et de tous ceux qui l'aiment, envers cette grande nation, est incommensurable, pour tant de glorieuse solidarité, à travers tant d'adversités; solidarité qu'on pourrait légitimement qualifier, celle-là, de mariage de sentiment. Nous opinons que l'Empereur, sous l'impression du patriotisme et des souvenirs attendrissans de cette date, unique dans l'histoire, du 10 décembre 1848, s'est senti entraîné, dominé par la douce espérance de désarmer plus ou moins tout le monde, et d'affirmer, tout au moins, que s'il pouvait contenter la majorité, la grande majorité de ses concitoyens, il serait heureux de leur prouver ainsi son dévouement à toute épreuve. Il s'est, probablement, fait illusion, mais cette illusion est respectable. Elle a oblitéré tant soit peu, dans les sphères olympiennes où Sa Majesté vit retirée, la vue, pourtant distincte, de certains *bas-fonds* que le reflux révolutionnaire n'a pas encore, tout à fait, mis à nu; et la perspective de végétations orgueilleuses, développées à la faveur du sol officiel.

Celles-ci, le pouvoir, quoi qu'il fasse, ne parviendra pas à les fléchir, pas plus qu'il n'arrivera à cultiver les ronces qui ont étouffé l'avénement de la liberté.

Après tout, depuis la crise de 93, l'art sérieux de gouverner a consisté, le plus souvent, dans la recherche de l'appréciation exacte de l'importance des opinions, d'après le nombre et l'influence des Français qui les professent. C'est dans cette évaluation, que ni la passion, ni les sordides rapacités, ni l'entourage, ni les flagorneries, ne réussissaient à fausser, qu'éclatait le génie du Premier Consul, comme son coup d'œil sur le champ du carnage. Par exemple : ni les émigrés, ni les prêtres n'étaient ses amis; il avait trop la conscience de son origine révolutionnaire, pour nourrir aucune illusion à leur égard. Eh bien! malgré cette connaissance approfondie des hommes et des choses, ou plutôt à cause d'elle, que fit-il? Ce grand cœur, dans sa calme et glorieuse sérénité, qui se transformait parfois en une chaleureuse et tendre fraternité, quand il s'agissait de Français, à quelque parti qu'ils appartinssent; ce grand cœur s'était demandé : les émigrés ne sont-ils pas des enfans du pays? leur attitude n'est-elle pas la conséquence de préjugés qui, dans leur égarement, leur laissent encore quelque auréole de notre ancienne chevalerie? leur vaillance ne les proclame-t-elle pas nos compatriotes? n'ont-ils pas assez souffert? assez de sang n'a-t-il pas coulé? Sont-ils nombreux? ont-ils gardé quelque action sur les masses de leurs localités? ne sont-ils pas susceptibles de dévouement? n'y a-t-il pas, parmi eux, des intelligences d'élite, des âmes honnêtes, abordables par la logique et la gratitude?

A toutes ces questions, le grand Corse répondait autant par son lumineux esprit que par son cœur généreux... et les émigrés rentraient; ceux de leurs biens encore dans les mains du gouvernement leur étaient rendus; et lorsque, quinze ans après, l'Anglais *isola* son ennemi sur un funèbre rocher, ce fut un fidèle émigré qui recueillit les commentaires et les aspirations fatidiques du martyr.

Les prêtres!... que d'impressions opposées soulève ce mot. Rien n'est plus odieux, rien n'est plus sympathique, suivant que la mission du sacerdoce est observée ou transgressée. Honte à Tartufe, au jésuite de Michelet, s'insinuant dans la famille par la femme, et ne visant qu'à des succès mondains! Honneur, amour, respect aux bons prêtres, patriotes, charitables, ne souhaitant d'autres triomphes que ceux de la Justice Eternelle, et de la fraternité parmi les hommes! Grâce à Dieu, nous n'en sommes pas dépourvus en France, moins encore aujourd'hui qu'au commencement de ce siècle. Eh bien! que fit Napoléon à l'égard des prêtres? Il ambitionna, avec raison, le beau titre de restaurateur des autels. Un païen lui-même, un Thémistocle, un César, en eût été fier. Le rétablissement du culte éclaira d'un reflet immortel les palmes du grand pacificateur; avant et depuis, le premier soldat du monde. Sous l'empire napoléonien, sous-entendre la suppression du budget des cultes; retirer à notre clergé national la protection et la part d'influence qui lui appartiennent légitimement, par le vœu d'une fraction extrêmement considérable de leurs concitoyens; ce serait, qu'on nous pardonne l'expression, si elle semble trop hardie... ce serait renier son origine, et provoquer au désordre.

La tradition salutaire, le *palladium*, de ceux qui nous gouvernent, n'est-elle pas, nous le demandons, de faire à toutes les classes de Français, largement représentées, une part proportionnelle de la chose publique, au *prorata*, pour ainsi dire, du nombre et des aptitudes des citoyens qui les composent? Les adversaires les plus déterminés des gouvernans ne doivent pas être exclus, s'ils se trouvent dans ces conditions; et c'est alors seulement qu'ils violeraient la loi, qu'on pourrait les réprimer, énergiquement sans doute, mais pas avec trop de fougue, et pas plus qu'il ne serait strictement nécessaire; — car il est essentiel de se rappeler, si votre cœur ne vous le rappelait pas assez, que les coups que vous leur portez, diminuent d'autant les forces vives du pays.

Nous ne finirons pas de parler des prêtres, sans toucher à la question délicate du pouvoir temporel, que le Prince Napoléon a réservée en apparence, bien qu'il ait indiqué, par ce qu'il a dit de la liberté des cultes, et par ses réticences elles-mêmes, ses résolutions sur ce chapitre. Quoi qu'on en ait, si la majorité des Français, par exemple, voulait qu'on continuât à sauvegarder le Pape de la révolution italienne; si les grands corps de l'État étaient de cet avis, comment l'Empire pourrait-il suivre une conduite opposée? Nous avons des tendances humanitaires, mais l'intérêt italien et l'intérêt français sont distincts. L'alliance de l'Italie avec la Prusse, et l'alliance désirée de l'Autriche avec nous, en sont la preuve. Nous n'examinons pas absolument de quel côté sont venus les premiers torts, mais il est incontestable que les patriotes italiens sont les ennemis de l'Empire, au moins autant que les irréconciliables français. Et puis, l'Italie officielle, que nous appellerions volontiers piémontaise, ne prend-elle pas, vraiment, les choses un peu trop à son aise? Ne dirait-on pas qu'elle est déchargée de tout souci; que le contrat bilatéral, passé entre la nation et la monarchie de Savoie, est une lettre morte; que cette illustre Maison n'est pas tenue de *far l'Italia;* que le parlement n'a pas décrété que Rome est la capitale; qu'on ne peut plus... éternuer, sans nous en demander la permission? La théorie des faits accomplis n'est pas une vaine combinaison de mots. Si Victor-Emmanuel s'amusait, en vrai troupier qu'il est, à concentrer trois ou quatre corps d'armée, de 25,000 à 30,000 hommes, sur la frontière romaine, et qu'à un moment donné, sans crier gare, il prît possession de Rome, qu'il doit naturellement considérer comme sa résidence obligée ; s'il passait sur le ventre à tout ce qui s'opposerait à son entreprise ; sans doute, il y aurait beaucoup de mécontens chez nous ; — mais croit-on sérieusement que nous ferions descendre les Alpes à 300,000 hommes, il n'en faudrait pas moins; que nous mettrions le siége devant Alexandrie et le quadrilatère ; que nous ferions des débarquemens hasardeux, au risque d'avoir maille à partir avec les Anglais, et même, si nous ne nous trompons, avec les Américains; et avec la grave certitude de nous mettre les Prussiens sur les bras, ou de souffrir tous leurs empiétemens en deçà du Mein? En tout état de cause, il est déplorable que nous soyons toujours divisés, tourmentés, comme du temps des Huguenots, par une question si embrouillée que nous aimerions mieux qu'on la tranchât définitivement, dans l'un ou l'autre sens. A coup sûr, si on en excepte la personne du Roi en Italie, et le Prince Napoléon ici, aucun grand personnage officiel ne nous semble avoir de parti bien décidément arrêté sur cette indéchiffrable complication (1).

La responsabilité impériale et ce qu'on appelle, à côté d'elle, la responsabilité ministérielle, préoccupent aussi, plus ouvertement, le noble orateur. Au risque d'encourir son mécontentement, nous lui dirons que nous avons toujours considéré comme une lettre morte la responsabilité *légale* du Souverain. Elle n'a pas, elle ne peut avoir de sanction pénale.

(1) C'est le cas, ou jamais, de recourir au plébiscite.

La responsabilité *historique, générale,* existe seule ; et, si elle cessait d'être un *mot* pour devenir une *chose,* ce serait la révolution, le procès du roi, la retraite de Rambouillet, ou la fuite au Havre.

Quant aux ministres, leur responsabilité réelle nous a tout l'air d'une superfétation nuisible, d'une cinquième roue au char de l'Empire. C'est aux rois baliveaux, qui souvent refusent de l'être, que convient cette institution. Ce n'est ni napoléonien, ni propre à relever le principe monarchique. Sous des rois faibles, elle aurait bientôt engendré des maires du palais, d'autant plus facilement que les ministres dirigeans seraient plus élevés en dignité. Son moindre inconvénient serait de donner aux administrateurs (puisque, sous l'Empire, nous ne comprenons pas que les ministres puissent être autre chose que des délégués irresponsables du Prince) ; le moindre inconvénient, disons-nous, serait de leur donner des habitudes d'indiscipline. Que dire à un ministre qui, au moment d'exécuter un acte vital, objecterait sa responsabilité devant les Chambres, car, avons-nous besoin d'en faire la remarque ? nous ne parlons que de celle-ci. Ce serait l'anarchie, et, pour peu qu'on veuille assombrir le tableau, l'anarchie dans le despotisme. Nous ne voulons pas réduire un Napoléon au rôle inepte d'un roi de la première race.

Un homme d'un talent extrêmement remarquable, et dont les services et le savoir font autorité, demande, avec le Prince Napoléon, qu'on modifie les origines et la composition du Sénat. Si on veut un Conseil des Anciens, qu'on le dise ; mais si jamais quelque chose d'*hybride* devait nous scandaliser à l'excès, ce serait un corps recruté comme l'entendent ces deux grands personnages. Se rendent-ils bien compte que les esprits les plus obtus jugeront immédiatement leurs propositions comme une téméraire timidité, si on peut s'exprimer ainsi; — car il est évident que le Prince et M. Bonjean savent mieux que nous qu'un Sénat qui ne serait ni constituant, ni nommé par la Couronne, n'aurait plus qu'à changer de nom, pour disparaître à jamais, dans les oubliettes des novateurs.

Nous ne dirons qu'un mot du troisième point débattu par le discours qui nous occupe, et nous nous contenterons de signaler que ce discours même est la preuve palpable qu'il ne faut pas trop discuter la Constitution.

Pour le mode de formation des circonscriptions électorales, nous sommes fort de l'avis du Prince; et l'expédient qu'on a pris, afin de dissimuler le vote des grands centres de population, nous paraît mauvais, pas assez justifié par les circonstances, et présentant quelque danger.

Venons, maintenant, au point *culminant* de l'exposé princier : la réforme municipale. Ici, esprit vulgaire que nous sommes, nous nous frappons la poitrine, et nous interrogeons tous les échos, pour savoir comment il est possible de se coucher ainsi sur un coffre à munitions qui recélerait une mèche allumée. Eh quoi! ce qui n'a pas été jugé praticable dans des États calmes, exempts de manœuvres de partis, d'accord sur le choix et le maintien de leurs dynasties, serait établi sans hésitation, dans un pays aussi profondément troublé que le nôtre, où chacun attend que l'étreinte du pouvoir se détende, pour faire prévaloir ses aspirations? C'est à ne pas y croire! et quand nous songeons à la haute intelligence de l'orateur, nous nous demandons si son programme est bien un discours au Sénat, ou s'il n'est pas plutôt un manifeste au peuple espagnol.

A part la question d'actualité, en ce qui regarde notre pays, est-il besoin de rappeler que, dans l'ordre social et politique, la Commune ne saurait être considérée comme un être individuel indépendant? Elle ne peut être livrée à ses inspirations propres, qui doivent être réglées uniformément dans tout l'État, et soumises à son contrôle souverain, qui n'est autre que celui de la Nation elle-même. N'est-elle pas dans l'État ce que le citoyen est dans la Commune, c'est-à-dire lié par des devoirs collectifs, et responsable devant l'association? Nous avons la naïveté de le croire, et notre intelligence se refuse à imaginer des Communes qui feraient chacune ce qu'elle voudrait chez elle, sans se préoccuper plus qu'il ne lui plairait de l'intérêt général. Elles se doivent, avant tout, à la chose publique; et c'est pour qu'elle ne soit pas livrée aux passions locales, souvent mesquines et délétères, qu'un *père de Commune,* comme disaient anciennement les Corses, un représentant de l'autorité impériale, désigné par elle, doit diriger, modérer les Communes, et présider à leur rayonnement vers le centre administratif, et, qui plus est, politique. Le contraire mènerait à une décentralisation anarchique; et ici, nous remarquons que ce mot de décentralisation ne déplaît pas plus au Prince qu'à beaucoup d'autres bons esprits; — mais, humblement, nous ne nous rendons pas à leur autorité. La centralisation a fait notre force, au sortir des plus grands cataclysmes de notre histoire. Elle nous maintient prospères et redoutables, vis-à-vis des nations sympathiques ou jalouses; et nous sommes convaincu que l'ébranler jusqu'à livrer les Communes à elles-mêmes, serait proclamer la révolution incarnée, incessante, et l'anarchie la plus désordonnée, conduisant au dépérissement du pays. Dieu nous en garde!

Le Prince a parlé à des paysans; et de ses

entretiens avec eux, il tire des argumens propices à son théorème. Soit! — mais nous aussi nous connaissons les paysans. A vrai dire, nous en sommes un. Nous avons habité longtemps (car nous aussi nous avons eu le malheur de voyager) des contrées où les libertés municipales sont très étendues. Eh bien! sans médire de ces contrées, qui sont infiniment respectables à bien des points de vue, leurs administrations communales sont de vraies pétaudières, un chaos en permanence, où les puériles intrigues, l'ignorance, l'égoïsme et parfois la méchanceté la plus rustique, le disputent à une détestable gestion matérielle. Il est vrai que le suffrage universel n'existe pas en ces pays; et bien que ce soit à regretter, ce n'est pas là, estimons-nous, la seule cause de tous ces inconvéniens, d'ailleurs secondaires. Pour ne citer qu'un exemple :

On adresse une demande quelconque à un haut fonctionnaire, chargé de gouverner une grande division administrative. Il accorde la demande; la Commune que cela concerne, la refuse. Conflit... très anodin, il est vrai. Le fonctionnaire déclare que ce refus de l'autorité locale est un acte de mauvaise administration, occasionnant un déficit au budget communal. Les paysans administrateurs répondent, avec une adorable outrecuidance, que c'est vrai, mais que cela leur plaît ainsi! A merveille... le fonctionnaire fait le gros dos, et tout est pour le mieux dans le meilleur des mondes possible.

Planons au-dessus de ces petites misères, et voyons ce que deviendrait notre héroïque France, quel que fût son gouvernement, s'il était abandonné au caprice des Communes?

Hélas! c'est aisé à pronostiquer, et nous espérons que cette éventualité désastreuse, quels que soient ses promoteurs, ne se réalisera jamais.

Voici ce qui arriverait infailliblement :

On commencerait par former de petits foyers démocratiques qui, sous prétexte d'intérêts locaux, aborderaient les questions les plus palpitantes, et finiraient par se mettre en révolte ouverte avec l'autorité préfectorale. La résistance pourrait aller jusqu'à l'inobservance des lois les plus usuelles, le maire ayant dans ses attributions la police de la Commune. Le parti dominant dans celle-ci opprimerait les autres de mille façons, en matière électorale surtout.

Dans les grandes villes, telles que Saint-

Etienne, Rouen, Nantes, Toulouse, Lille, Bordeaux, Marseille et Lyon, qui ont de 100 à 300 mille habitans, il ne serait pas impossible, avec un peu d'entente et d'activité, d'organiser, en quelques jours, une force urbaine, avec tout ce qu'il faudrait pour l'armer, l'équiper et la mettre à même d'opérer militairement. A Paris, dont la population approche de 2,000,000, un véritable corps d'armée, pourvu de tout, même d'artillerie, ou d'engins équivalens, pourrait, à la rigueur, l'analogie historique nous le dit assez, être mis sur pied par la Commune. Sans doute, la parole serait alors à l'Armée, comme dirait un brave général qui ne paraît pas redouter la guerre *de la rue;* — mais il est aussi de la tradition napoléonienne d'avoir une sainte horreur de la guerre civile, de la prévenir, et non de lui ouvrir la carrière.

Si quelqu'un perçait notre anonyme, et qu'il nous reprochât de ne pas avoir toujours professé les mêmes idées, nous lui répondrions qu'il se trompe ; que l'actualité prime des convictions sincères que l'expérience de longues années semble rendre peu applicables en France ; que nous parlons au point de vue de la monarchie impériale ; et que nous nous croirions un piètre sire, si, pour ne pas retrancher un iota à nos aspirations juvéniles, nous nous obstinions à nier l'évidence des faits, et les enseignemens qu'ils apportent ; enfin, que nous nous croirions coupable, si, voulant exprimer notre opinion, nous sacrifiions ce que nous croyons être l'intérêt français du moment, à un orgueilleux esprit de système qui n'aurait point d'excuse ;

Et nous concluons en déplorant qu'aux concessions libérales que l'Empire pourrait avoir encore la velléité de faire, on ne puisse, désormais, répondre raisonnablement que par ces mots célèbres : Il est trop tard ;

Et en affirmant que le seul moyen, sinon de le consolider et de le perpétuer, du moins de le faire durer, c'est une vigueur imperturbable, alliée à la modération, à la conciliation et à la gloire.

Paris, 2 septembre 1869.

Sceaux — Imprimerie de E. Dépée.

Sceaux. — Typ. de E. Dépée

www.ingramcontent.com/pod-product-compliance
Ingram Content Group UK Ltd.
Pitfield, Milton Keynes, MK11 3LW, UK
UKHW032004260826
14628UKWH00005B/2267

9 782012 968684